まいにち食べたい
そば粉100%のおいしいパンとおやつ

そばの実カフェ「sora」
小池ともこ

二見書房

JN027238

CONTENTS

そば粉の
パン、おやつを
作るときの注意
本書は「そば粉100%」で
作るレシピです。
そばアレルギーの方は
ご注意ください。

CHAPTER 1
そば粉のパン ……… 9

CHAPTER 2
そば粉のおやつ ---- 43

本書の使い方

計量：大さじ1＝15ml　小さじ1＝5ml

焼き時間：オーブン、食材によって変わってきますの
で、様子を見ながら調整してください。

そば粉は

魅力あふれる食材です

・栄養メリット

ビタミンB₁、B₂や 食物繊維が豊富

そば粉にはポリフェノールの一種で抗酸化作用のあるルチン、ビタミンB₁、B₂など疲労回復や抵抗力を強める働きのあるビタミンが豊富に含まれています。また、そば粉に含まれるタンパク質は、体内で作りにくい必須アミノ酸が豊富。ほかにも、ミネラルや食物繊維などの摂取も期待できます。注目すべきは、それらの栄養を含む胚芽が、中心に位置していること。米、小麦などは、表皮に近いところに胚芽があるので、分づきで取り除かれてしまいます。その点、そば粉は全粒で製粉できるので、栄養を丸ごと摂ることができます。

・美容メリット

低糖質で 小麦粉、米粉より 太りにくい食材

炭水化物に含まれる糖質は、消化されて体に吸収されます。通常、*GI値が高いと太りやすいといわれますが、そば粉は米、小麦に比べるとGI値が低いので、血糖値の上昇率がゆるやか。太りにくい食材といえるでしょう。

*GI値＝糖質食品を摂取した2時間後の血糖値の上昇度合い

・安心＆安全メリット

グルテンフリー、農薬いらずの栽培

そば粉にはグルテンが含まれていないので、小麦粉のグルテンを苦手とする方も安心できる食材。また、そばの実をつけるための受粉は昆虫の媒介で行われ、農薬を使わずに栽培することができます。こうした安全メリットも魅力のひとつです。

\ そば粉のパンとおやつ作りに /

揃えておきたいおすすめ食材

この本で紹介するレシピは、すべて乳製品と白砂糖を使いません。
そば粉は元より、身体にやさしい糖質と油、栄養価の高いナッツやドライフルーツなどの
食材を推奨しています。美容や健康に気を配る方にぴったりです。

そば粉

そば粉には粉をふるう網目の粗さを示すメッシュという単位があります。粗挽き（30メッシュ）、中挽き（40メッシュ）、細挽き（50メッシュ）などがあり、粒子は単位が大きいほうが細かくなります。種類によってパンやおやつの風味、味、食感が変わります。本書では中挽きを使用しています。

国産特選そば粉　　　高千穂そば粉　　　成田秋そば粉
（OGURA）　　　　（おたに家）　　　（成田そば栽培農家上野）

ドライイースト・天然酵母

イースト・酵母はパン作りに欠かせません。本書では「白神こだま酵母」と「ホシノ天然酵母」を使用しています。ほかのイーストを使用する場合は、使用量、発酵時間、仕上がりなどに違いが出ますので、調整してください。

白神こだま酵母ドライ
（サラ秋田白神）

粗糖

砂糖は酵母のえさとなり、発酵を助けます。精製度が低い、ミネラル豊富なものがおすすめです。本書ではサトウキビが原料の「きび糖」を使用しています。

塩

塩はそば粉の風味を上げ、味に深みを与えてくれます。ミネラルが豊富な自然塩を選びましょう。

サイリウムハスク

オオバコという植物の種子の外皮を粉状にしたもの。生地に混ぜると水分を吸収してくれるので、グルテンのないそば粉でも生地がまとまり、成形することができます。ドラッグストア、ネットショップなどで購入可能。

オオバコダイエット（井藤漢方製薬）

水または湯

パンの材料として、酵母を起こすときなどに必要になります。

油

油にはパンやおやつの乾燥を防ぎ、ふんわりと仕上げてくれる役目があります。本書ではエキストラバージンオリーブオイル、菜種油、ココナッツオイル（液状）などを使用しています。

有機プレミアムココナッツオイル
（ココウェル）

エキストラバージン・
オリーブオイル
（ヘルメス）

シード・ナッツ・ドライフルーツ類

生地に混ぜたりトッピングしたり、シード、ナッツ、ドライフードは栄養面や食べ応えが期待できる食材です。豆、小豆を炊き上げたあんこもおすすめです。

有機クランベリー、
有機くるみ
（アリサン）

天然美食 有機小倉あん、
有機こしあん（遠藤製餡）

有機いりごま（ムソー）

ハーブ・スパイス類

香り豊かなハーブ、味に深みを与えるスパイスなどは、パンや焼き菓子のアクセントになります。

オーガニック
魔法のスパイス
（エヌ・ハーベスト）

オレガノ（アリサン）

豆乳・ココナッツミルク類

大豆由来で低脂質、低カロリーの豆乳は無調整のもの。ココナッツの胚乳から得られるココナッツミルクは無添加のものを選んでいます。

有機ココナッツミルク
（ココウェル）

粉類

発酵させずに生地をふくらませることができるベーキングパウダー。アーモンドパウダー、ココアパウダー、緑茶パウダー、コーヒー粉などは、そば粉に加えると生地のバリエーションが広がります。

有機ベーキングパウダー
（風と光）

オーガニック
カフェインレスコーヒー
（ムソー）

有機ココアパウダー
（アリサン）

有機豆乳無調整
（マルサン）

基本のツールと
あると便利なサブツール

そば粉のパン、おやつを作るときに特別な道具は要りません。
どのご家庭にもある調理道具を中心に、ひとつの型があればすぐに始められます。
基本のツールとサブツールをご紹介します。

ボウル

材料を混ぜるときに使います。ステンレス製などの耐熱ボウルをサイズ違いで揃えておきましょう。

泡立て器とゴムベラ

生地を混ぜるときは、泡立て器であわせてから、ゴムベラを使って混ぜることが多いので、セットで持っておくと便利です。

スケッパー

生地を切り分けるとき、生地を移動して、台や天板に移すときなどに重宝します。

クープナイフ

パンやお菓子の生地に切り込みを入れるときに使います。小さめのナイフ、果物ナイフでも代用できます。

ラップ

パンの生地を発酵させるときに、乾かないようにラップをかぶせたり、パンやお菓子を保存するときにも必要になります。

はかり

パンやおやつ作りは、計量がポイントです。0.5g単位ではかれるものを用意しましょう。

型

この本で使用する主な型を紹介します。まずは、作りたいレシピの型から揃えていきましょう。

5cm×10cm×5cm
のパウンド型

7cm×16cm×6cm
のパウンド型

温度計

発酵させるときは、オーブンの発酵機能が役立ちますが、ホシノ天然酵母を発酵させるとき（P.42）などに必要になります。

クッキングシート

生地が型や天板につかないように、クッキングシートを敷きます。洗って使えるタイプのオーブンシートもおすすめです。

マフィン型

シフォン型

霧吹き

パンの生地が乾かないように霧吹きします。また、オーブン内に霧を吹いて、庫内の温度をおだやかにさせ、パンをふくらみやすくさせます。

20cm×14cmのバット

8 　●=基本のツール / ●=あると便利なサブツール

そば粉のパン

そば粉100%で作るパン。

・混ぜて焼くだけの
そば湯ミニ食パン

・成形して作る
テーブルパンと
生地アレンジのパニーニ、
ピザ、菓子パン

・天然酵母の
バゲットパンと
生地アレンジのパン

初心者も本格派もうれしい、
パンレシピをお届けします。

そば湯ミニ食パン

そば湯を入れると
生地がしっとり。

ぐるぐる混ぜて
発酵させて
焼くだけ。

そのままでも
トーストしても
美味しい食パン。

そば湯ミニ食パン

ミニサイズを
2個作ります

この材料が
そば湯ミニ食パンの
基本になります

材料（5cm×10cm×5cmのパウンド型2個分）

そば粉 …… 140g

水 …… 160g

白神こだま酵母 …… 2g

塩 …… 1.5g

きび糖 …… 10g

そば湯 …… 30g

そばの実 …… 適宜

下準備

※そば湯を作る。

ボウルにそば粉5gと水15gを入れてよく溶き、熱湯60gを一気に注ぐ。熱いうちにミニ泡立て器でよく混ぜて冷ます。

生地作り

1 ボウルにそば粉以外の材料を入れ、泡立て器でよく混ぜる。

2 そば粉を加え、泡立て器で粉気がなくなるまでよく混ぜる。途中、ゴムベラに持ち替えて、ボウルの底から全体をすくうように混ぜる。

発酵

3 ラップをし、オーブンの発酵機能40度で40分発酵させる。

Point ◉ オーブンに発酵機能の設定がない場合はP.78参照

4 1.3倍ほどにふくらんだら、ゴムベラで30回ほど生地を混ぜる。

5 クッキングシートを敷いた型に、均等に流し入れる。軽くラップをかけ、常温で10分ほどおく。

Point ◉ 型のフチから5mm下の位置まで発酵させる

あれば、そばの実をトッピングする。

焼く

6 210度に予熱したオーブンに入れ、左右庫内壁面に5回ずつ霧を吹き、扉を閉めて2分待つ。

Point ◉ 蒸気と温度をおだやかに加えると、ふくらみやすくなる

温度を170度に下げて25分焼く。オーブンから取り出し、型からはずして網にのせて冷ます。

きんぴら惣菜パン

きんぴらの他に
ひじきの煮物などもOK

そば粉パンと
相性がいいのは和のおかず。
きんぴらを混ぜた惣菜パン。

材料（7cm×16cm×6cmのパウンド型1個分）

そば湯ミニ食パンと同様（P.10）
きんぴら（煮物）……100g

作り方

生地作り

1 そば湯ミニ食パンと同様
（P.10）

発酵

2 ラップをし、オーブンの発酵機能40度で40分発酵させる。1.3倍ほどにふくらんだら、きんぴらを加えてゴムベラで全体を混ぜ、クッキングシートを敷いた型に流し入れる。軽くラップをかけ、常温で10分ほどおく。

焼く

3 210度に予熱したオーブンに入れ、左右庫内壁面に5回ずつ霧を吹き、扉を閉めて2分待つ。190度に下げて35分焼く。オーブンから取り出し、型からはずして網にのせて冷ます。

春菊とくるみの惣菜パン

春菊の代わりに
ほうれん草もOK

香りのある春菊を練り込んだ食パン。
くるみを入れると、
食感も満足感もさらにアップ。

材料（7㎝×16㎝×6㎝のパウンド型1個分）

そば湯ミニ食パンと同様（P.10）
春菊（ゆでたもの）…… 80g
くるみ（ロースト）…… 70g

下準備

※春菊は細かく刻んでおく。
※くるみは粗く刻む。

作り方

1〜3 きんぴら惣菜パンと同様（P.12）

13

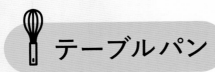

風味豊かなパン
どんな料理とも合う

テーブルパン

グルテンがないそば粉でも
生地をのばしたり、丸めたり、
成形パンが作れます
まずは手のひらサイズの
テーブルパンから。

この材料が
テーブルパンの
基本になります

材料（4個分）

A そば粉 …… 100g

サイリウムハスク …… 4.5g

B 水 …… 110g

白神こだま酵母 …… 1.5g

きび糖 …… 8g

塩 …… 2g

そば湯 …… 25g（作り方はP.10）

オリーブオイル …… 8g

打ち粉（そば粉）適宜

下準備

※**A**と**B**はそれぞれ違うボウルに入れ、泡立て器で混ぜる。

作り方

生地作り

1 **B**に**A**を加え、泡立て器でダマがなくなるまで混ぜる。

2 ゴムベラに持ち替えて、さらになめらかになるまで混ぜる。

1次発酵

3 ボウルにラップをし、オーブンの発酵モード40度で50分発酵させる。

Point ◎ 1.3倍にふくらむまで

Point ◎ オーブンに発酵機能の設定がない場合はP.78参照

成形・2次発酵

4 台に打ち粉をし、生地を取り出して4等分にする。

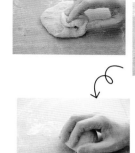

5 手のひらで生地の中心から外に向かってやさしく押してガス抜きをし、表面が張るように丸める。

6 とじ目を下にしてクッキングシートの上に並べる。表面に軽く霧を吹き、ふきんをかぶせて15分おく。軽く打ち粉をふり、ナイフで真ん中に切り込みを入れる。

焼く

7 230度に予熱したオーブンにクッキングシートごと入れる。左右庫内壁面に5回ずつ霧を吹き、扉を閉めて2分待つ。 200度に下げて13〜15分焼く。

Point ◎ オーブンによって焼き色の付き方が異なるので、温度、時間は調整する

テーブルパン生地

パニーニはちょっぴり大きめに作り、
焼き野菜をごろごろとサンド。
食欲をそそる、ボリューミーな1品に。

パニーニ

形を変えて楕円形のパニーニに。

材料（3個分）

A,B テーブルパンと同様（P.14）

打ち粉（そば粉）…… 適宜

下準備

※テーブルパンと同様（P.15）

作り方

▷ 生地作り・1次発酵 ◁

1〜3 テーブルパンと同様（P.15）

▷ 成形・2次発酵 ◁

4 台に打ち粉をし、生地を取り出して3等分にする。手のひらでガス抜きをし、表面が張るように5cm×10cmほどの楕円に成形する。とじ目を下にしてクッキングシートの上に並べる。表面に軽く霧を吹き、ふきんをかぶせて15分おく。軽く打ち粉をふる。

▷ 焼く ◁

5 テーブルパンと同様（P.15）

\ 形を変えて /
平たいピザ生地に。

ピザ生地

そば粉ピザと
相性のいい
ソースと具材を
見つけた!

18

のりとしらすの和風ピザ

のりの佃煮をソースに
しらす干しをトッピング。
最後に大葉をパラリ、
なんていかが？

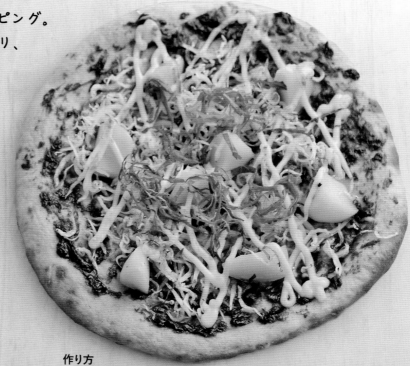

材料（2枚分）

A,B テーブルパンと同様（P.14）

具材
のりの佃煮 —— 30g
じゃがいも（蒸したもの）—— 2個
しらす干し —— 50g
マヨネーズ —— 適宜
大葉 —— 4枚
打ち粉（そば粉）—— 適宜

下準備

※大葉は細切りにする。

作り方

成形・1次発酵
1〜3 テーブルパンと同様（P.15）

成形・2次発酵

4 台に打ち粉をし、生地を取り出して2等分にする。手のひらでガス抜きをし、表面が張るように丸める。とじ目を下にし、それぞれクッキングシートの上にのせる。表面に軽く霧を吹き、ふきんをかぶせて15分おく。

5 生地に打ち粉をふり、麺棒で直径16cmほどの円形に伸ばす。表面にオリーブオイル（分量外）をぬり、フォークで数か所穴をあける。

焼く

6 230度に予熱したオーブンにクッキングシートごと入れる。左右庫内壁面に5回ずつ霧を吹き、扉を閉めて2分待ち、200度に下げて10〜13分焼く。

7 いったんオーブンから取り出し、具材（大葉以外）を上から順番にのせる。200度で8分焼く。焼き上がりに大葉を散らす。

フォカッチャプレーン

材料（3個分）

A,B｜**テーブルパンと同様**（P.14）
打ち粉（そば粉）…… 適宜

作り方

生地作り・1次発酵

1〜3 **テーブルパンと同様**（P.15）

成形・2次発酵

4 台に打ち粉をし、生地を取り出して3等分にする。手のひらでガス抜きをしながら丸め、とじ目を下にクッキングシートの上に並べる。表面に軽く霧を吹き、ふきんをかぶせて15分おく。

5 表面にオリーブオイル（分量外）をぬる。

6 指で6〜7か所くぼみをつける。塩（分量外）を軽くふる。

焼く

7 **テーブルパンと同様**（P.15）

形を変えて
穴ぼこフォカッチャに。

ローズマリーと
ガーリックの
フォカッチャ

フォカッチャプレーンに香りのいいハーブをプラス。焼き色をこんがりとつけて。

材料(1個分)

A,B | テーブルパンと同様（P.14）
にんにく(すりおろし) ── 小さじ1/4
オリーブオイル ── 適宜
塩 ── 適宜
ローズマリー(生) ── 適量

作り方

> 生地作り・1次発酵・成形・2次発酵

1〜4 フォカッチャプレーンと同様
（P.20）

5 表面にオリーブオイル、にんにくを
ぬる。

6 指で10か所ほどのくぼみをつけ、
ローズマリーをのせる。塩を軽くふ
る。

> 焼く

7 230度に予熱したオーブンに入れ、
左右庫内壁面に5回ずつ霧を吹き、
扉を閉めて2分待つ。 200度に下
げて15〜18分焼く。

> クリスマススイーツの
> シュトーレンも
> そば粉でカンタン。

シュトーレン

一年のごほうびに
ナッツやドライフルーツを
たっぷりイン。

材料（1本分）

A そば粉 ── 50g
　　アーモンドパウダー ── 10g
　　きび糖 ── 4g
　　塩 ── 1g
　　水 ── 50g
　　白神こだま酵母 ── 1g
　　ココナッツオイル（液状）
　　　　または菜種油 ── 4g

> **おすすめの配合**
> くるみ20g
> アーモンド10g
> カシューナッツ10g

B ナッツ類（ロースト） ── 40g
C ドライフルーツ類 ── 85g
　　きび糖 ── 18g
　　塩 ── 1g
　　ブランデー ── 20g
　　ラム酒 ── 5g
　　数種のスパイスパウダー ── 小さじ1.5
　干し芋 ── 30g

> **おすすめの配合**
> レーズン20g
> ドライイチジク40g
> ドライクランベリー15g
> オレンジピール10g

> **おすすめスパイスパウダー**
> シナモン、クローブ、
> ジンジャー、カルダモン

シロップ
　　きび糖 ── 25g
　　水 ── 15g
　　ココナッツオイル ── 5g

トッピング
　　ココナッツフラワー
　　　　またはアーモンドパウダー ── 10g

下準備

※**B**、**C**のドライフルーツ、ナッツ類は粗く刻む。

※**C**をボウルに入れ、ラップを2重にかけて15分蒸す。ラップをかけたまま冷ます。

※干し芋は、1.5cm幅にカットする。

※鍋にシロップの材料を入れて温め、溶かす。

作り方

生地作り・発酵

1 **A**の材料（そば粉とアーモンドパウダー以外）をボウルに入れて、泡立て器でよく混ぜる。そば粉とアーモンドパウダーを加え、ゴムベラに持ち替えて粉気がなくなるまで混ぜる。ラップをし、オーブンの発酵機能40度で40分発酵させる。

point ◉オーブンに発酵機能の設定がない場合はP.78参照

2 **B**と**C**を加えてよく混ぜる。

3 クッキングシートの上に16cm×16cmほどに広げる。あれば、干し芋を生地の中心おく。

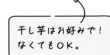

干し芋はお好みで！なくてもOK。

4 仕上り6cm×17cmほどの大きさに包んで天板にのせる。

焼く

5 200度に予熱したオーブンに天板ごと入れ、20分焼く。いったん天板ごと取り出し、クッキングシートを開いてオーブンに戻す。さらに13分焼く。

point ◉水分を飛ばし、焼き色を付けるため

仕上げ

6 バットに新しいクッキングシートを敷き、シュトーレンをのせる。

7 溶かしたシロップをぬる。

point ◉流れ落ちてくるシロップをハケで何度もぬる

全体にココナッツフラワーまたはアーモンドパウダーをまぶす。完全に冷めたら、保存容器に入れて一晩おき、生地をなじませる。

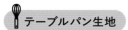
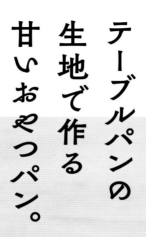

テーブルパンの
生地で作る
甘いおやつパン。

[シナモンロール]
（P.26）

[あんぱん]
（P.29）

あのパン、この パン、
人気の甘い パンが
ひとつの生地で完成。

[甘酒パン]
（P.27）

[メロンパン]
（P.28）

シナモンロール

材料（3個分）

A,B オイルをココナッツオイルか菜種油に変え、テーブルパンと同様（P.14）

シナモンシュガー
きび糖 ── 30g
シナモンパウダー ── 4g
塩 ── 少々

トッピング
スライスアーモンド ── 10g
アイシング ── 適宜（作り方はP.77）

打ち粉（そば粉）── 適宜

下準備
※シナモンシュガーの材料をよく混ぜる。
※スライスアーモンドは160度のオーブンで13分焼く。

アーモンドのトッピングもおすすめ

ねじり生地にシナモンたっぷり

作り方

> 生地作り・1次発酵

1～3 テーブルパンと同様（P.15）

> 成形・2次発酵

4 台に打ち粉をし、生地を取り出して3等分にする。手のひらでガス抜きをし、表面が張るように丸める。

5 とじ目を下にして麺棒で6cm×15cmの楕円形に伸ばす。表面を下にし、菜種油（分量外）をはけでぬり、真ん中にシナモンシュガーをのせる。

6 左右の生地を三つ折りにして閉じる。ナイフで縦長方向に切り込みを3本入れる。

ねじりながらリングに結ぶ。

7 クッキングシートの上に並べ、表面に軽く霧を吹き、乾かないようにふきんをかぶせて15分おく。

> 焼く

8 220度に予熱したオーブンにクッキングシートごと入れる。左右庫内壁面に5回ずつ霧を吹き、扉を閉めて2分待つ。190度に下げて13～15分焼く。

> 仕上げ

9 完全に冷めたら、お好みでアイシングを上からかけ、スライスアーモンドをのせる。

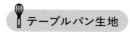

甘酒パン

材料（4個分）

A テーブルパンと同様（P.14）

B 水 —— 90g

白神こだま酵母 —— 1.5g

糀甘酒 —— 30g

ココナッツミルク —— 10g

きび糖 —— 8g

塩 —— 2g

オリーブオイル —— 8g

打ち粉（そば粉）

作り方

生地作り・1次発酵・成形・2次発酵

1～4 テーブルパンと同様（P.15）

軽く打ち粉をふり、ナイフで真ん中に切り込みを入れる。

焼く

5 200度に予熱したオーブンにクッキングシートごと入れる。
左右庫内壁面に5回ずつ霧を吹き、扉を閉めて2分待つ。
170度で13～15分焼く。

point ◉温度を低くして焼くと、白っぽいパンに仕上がる

ほんのり甘くて
やさしい味

白っぽい
焼き上がりに

材料（4個分）

A,B オイルをココナッツオイルに
変え、テーブルパンと同様
（P.14）

クッキー生地
そば粉 ⋯⋯ 65g
絹豆腐 ⋯⋯ 60g
アーモンドパウダー ⋯⋯ 13g
きび糖 ⋯⋯ 36g
ココナッツオイル（液状） ⋯⋯ 25g
塩 ⋯⋯ 少々
バニラエッセンス ⋯⋯ 2〜3滴
レモンの皮（すりおろし）
　⋯⋯ 1/4個分

🥄 テーブルパン生地

メロンパン

作り方

生地作り・1次発酵・成形・2次発酵

1〜4 テーブルパンと同様
（P.15）

クッキー生地作り

5 材料をボウルに入れ、ゴムベ
ラでなめらかになるまで混ぜる。
生地を取り出して4等分にして丸
める。 1個ずつラップではさみ、
直径10cmほどの円形に伸ばす。

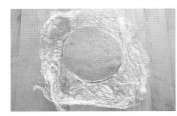

冷蔵庫で冷やす。

point ◉冷やすと生地が固くなる
ので扱いやすい

6 上のラップをはがして手のひ
らにのせ、**4**の生地をのせて形を
整える。

クッキングシートに生地を並べ、ス
ケッパーで縦横3本ずつ線を入れ
る。

きび糖（分量外）を軽くふる。

焼く

7 220度に予熱したオーブンに、
クッキングシートごと入れ、左右の
庫内壁面に5回ずつ霧を吹き、扉
を閉めて2分待つ。190度に下げ
て13〜15分焼く。

クッキー生地が
美味！

パンの生地は
テーブルパンと同じ

あんパンは
ちょっと
平たく焼く

粒あん、
こしあん、
お好みで！

■ テーブルパン生地

あんパン

材料（4個分）

A,B オイルをココナッツオイルか
菜種油に変え、
テーブルパンと同様（P.14）

あんこ ⋯⋯ 140g

黒ごま ⋯⋯ 適宜

打ち粉（そば粉）⋯⋯ 適宜

下準備

※あんこを4等分して、あんこ玉を
4個作る。

作り方

▶ 生地作り・1次発酵

1〜3 テーブルパンと同様
（P.15）

▶ 成形・2次発酵

4 台に打ち粉をし、生地を取り出
し4等分する。手のひらでガスを
抜き、表面が張るように丸める。
とじ目側にくぼみを作り、あんこ
玉を入れて丸く形を整える。クッ
キングシートの上にとじ目を下に
並べ、表面に軽く霧を吹き、ふき
んをかぶせて15分おく。

Point ◉ ふきんをかぶせて生地
が乾かないようにする

黒ごまをふる。

▶ 焼く

5 220度に予熱したオーブンに
クッキングシートごと入れる。生
地の上に別のクッキングシートを
かぶせ、軽めのバットを上にのせ
る。

Point ◉ 表面を平らにし、あんこ
が熱で膨張して生地からあふれな
いようにする

190度に下げて13〜15分焼く。

29

バゲット

もっちりとした食感。
かみごたえも魅力。

バゲット生地

天然酵母のパン作りに挑戦！
そば粉の香ばしさも感じられ、
かみしめるほどに美味しい。
ハードタイプの
バゲットパンからスタート。

グルテンフリーで
作りたい場合は、
白神こだま酵母を
使ってください。

この材料がバゲット生地の基本になります

ホシノ天然酵母パン種生種
は白神こだま酵母に変更で
きます。いずれのレシピも
白神こだま酵母は3分の1
の分量でOK。

ホシノ天然酵母を使うこと
でパンらしい風味が楽し
めますが、ホシノ酵母は
酵母材料に小麦が使われ
ています。白神こだま酵
母はグルテンフリーです。

材料（3本分）

A そば粉 —— 200g
　 サイリウムハスク —— 9g
B ホシノ天然酵母パン種生種（作り方はP.42）—— 12g
　 水 —— 240g
　 塩 —— 3g
打ち粉（そば粉）—— 適宜

白神こだま酵母を使っても
作り方は同様。1日目の発
酵がなくても作れますが、焼
き色や味が変わります。

作り方

1日目

ホシノ天然酵母パン種
生種は発酵がゆっくり。
冷蔵庫でひと晩ほった
らかしておきましょう。

下準備

※ **A**と**B**はそれぞれ違うボウルに入れて混ぜる。

生地作り

1 **B**に**A**を加え、泡立て器でダマがなくなるまで手早く混ぜる。ゴムベラに持ち替えて、全体をよく混ぜる。

Point ◉ サイリウムハスクが水分を吸って生地が重くなる

2 保存容器に入れ、平らにしてふたをし、冷蔵庫で8時間以上おく。

2日目

1次発酵

3 8時間以上おいたら、オーブンの発酵機能40度で90分発酵させる。

Point◉オーブンに発酵機能の設定がない場合はP.78参照

Point◉生地をめくってみて、網目状になっていればOK

4 台の上と生地の上に打ち粉をする。スケッパーで生地を取り出して3等分する。手のひらでガス抜きをし、表面が張るように丸め、クッキングシートの上にのせる。ふきんをかぶせ、オーブンの発酵機能40度で60分発酵させる。

Point◉ふきんは水を通してかたく絞る。途中、乾いたらふきんの上から軽く霧をふく

成形

5 打ち粉をした台に生地を取り出す。手のひらでガスを抜きながら13cm×8cmほどに広げる。

横長に置き、左奥角と右奥角を内側に折り込む。

さらに奥の辺を中心に向かって折り込む。

奥の辺と手前の辺を合わせてつける。

上下を180度回転させて、同じことをもう一度繰り返す。

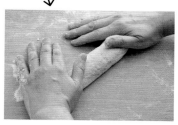

つぎ目を下にして生地の両側を押さえて転がし、23cmほどの長さにする。

2次発酵

6 キャンバス地の上に、間隔をあけて生地をおき、ふきんをかぶせてオーブンの発酵機能40度で30分発酵させる。

Point ◉生地がふくらんだときにくっつかないように間隔をあける

焼く

7 オーブンに天板を入れ、230度に予熱する。クッキングシートの上に生地をおき、ナイフで切り込みをそれぞれ4本入れ、クッキングシートごと入れる。オーブンの左右庫内壁面に5回ずつ霧を吹き、扉を閉めて2分待つ。

Point ◉蒸気と温度をおだやかに加えるとふくらみやすくなる

8 230度で13〜15分焼く。

Point ◉オーブンによって色の付き方が違うので、温度・時間は調整する

33

バゲット生地

シャンピニオン & クッペ

バゲット生地の応用編。
形を変えてみる！

コロンとした
ラグビーボール形のクッペと

かわいいきのこ形の
シャンピニオンが完成。

材料（各3個分）

A, B | バゲットの半量
（P.31）

作り方

生地作り

1〜3 バゲットと同様（P.31）

1次発酵・成形・2次発酵

4〜7 成形・2次発酵は P.35 参照。

焼く

8 オーブンに天板を入れて230度に予熱する。クッペはナイフで横長に切り込みを1本入れ、シャンピニオンはそのままクッキングシートの上に生地をおき、クッキングシートごと入れる。オーブンの左右庫内壁面に5回ずつ霧を吹き、扉を閉めて2分待つ。

9 クッペ・シャンピニオンはそれぞれ230度で13〜15分焼く。

クッペは？

1次発酵

4 台の上に打ち粉を敷き、スケッパーで生地を取り出して3等分する。

5 手のひらでガス抜きをし、表面が張るように丸め、クッキングシートの上にのせる。ふきん（水を通してかたく絞ったもの）をかぶせ、オーブンの発酵機能40度で60分発酵させる。

Point ◉ オーブンに発酵機能の設定がない場合はP.78参照

成形・2次発酵

6 打ち粉をした台に生地を取り出す。

手のひらでガスを抜きながら8cmほどの丸に広げる。

左奥と右奥を内側に折る。

奥の辺と手前の辺をあわせてつける。

さらに奥の辺を中心に向かって折りこむ。上下を180度回転させ、もう一度同じことを繰り返す。

つぎ目を下にして生地の両側を押さえて転がし、8cmほどのラグビーボール形にする。

7 キャンパス地の上に、間隔をあけて生地をおき、ふきんをかぶせてオーブンの発酵機能40度で30分発酵させる。

シャンピニオンは？

1次発酵

4 台の上に打ち粉をし、スケッパーで生地30gを取り出して3等分して丸める。（キノコの傘部分）

5 残りの生地を3等分し、手のひらでガス抜きをし、表面が張るように丸める（本体部分）。**4**と一緒にクッキングシートの上にのせる。

ふきん（水を通してかたく絞ったもの）をかぶせ、オーブンの発酵機能40度で60分発酵させる。

Point ◉ オーブンに発酵機能の設定がない場合はP.78参照

成形・2次発酵

6 打ち粉をした台に生地を取り出す。

手のひらでガスを抜く。

中心部分に生地を集める。

とじ目を下にして表面が張るように丸める。

7 キャンパス地の上に、間隔をあけておき、ふきんをかぶせてオーブンの発酵機能40度で30分発酵させる。

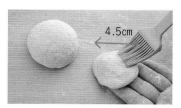

4.5cm

傘部分は直径4.5cmほどに平たくする。片面の外側にオリーブオイルをぬる。

Point ◉ 傘部分が本体と一体化しないため

本体部分にオリーブオイル面をのせ、中心を指でくぼませる。

バゲット生地で
カンパニューが作れます!
スライスして
マリネ野菜をのせて
ごきげんブルスケッタが完成。

そば湯で作る
スープを添えて。
作り方P.42

カンパーニュ

水切りかごでもOK

材料（直径12cmのカンパーニュかご1個分）
A,B バゲットの半量（P.31）

作り方

生地作り・1次発酵

1～3 バゲットと同様（P.31）

4 台の上に打ち粉をし、スケッパーで生地を取り出す。

5 手のひらでガス抜きをし、表面が張るように丸める。

クッキングシートの上にのせ、ふきん（水を通してかたく絞ったもの）をかぶせ、オーブンの発酵機能40度で60分発酵させる。

成形・2次発酵

6 型に茶こしで打ち粉をふる。打ち粉をした台に生地を取り出す。

手のひらでガスを抜き13cm×11cmほどに広げる。

四方の生地を中心に向かい折り込み、重ねてボリュームを中心に集める。

とじ目を下にして表面が張るように丸める。

生地のとじ目を上に型に入れる。

7 ふきんをかぶせ、オーブンの発酵機能40度で60分発酵させる。

焼く

8 オーブンに天板を入れ230度に予熱する。クッキングシートの上に、型を逆さにして生地を取り出す。ナイフで4か所切り込みを入れる。クッキングシートごとオーブンに入れる。オーブンの左右庫内壁面に5回ずつ霧を吹き、扉を閉めて2分待つ。

9 230度で18～20分焼く。

Point◉ オーブンに発酵機能の設定がない場合はP.78参照

37

［雑穀パン］
（P.39）

［酒粕パン］
（P.41）

［お豆のパン］
（P.41）

［カレーエピ］
（P.40）

味わい深くてハードな食感のバゲット生地に
ヘルシー食材をプラスした
ハードパンのバリエーション。

雑穀パン

ロール形に成形。

香ばしく焼けた雑穀が美味。

材料（3個）

A | バゲットの半量（P.31）
B | バゲットの半量（P.31）
C | 雑穀シードミックス …… 20g
　　| 水 …… 15g

下準備

※**A**と**B**はそれぞれ違うボウルに
入れて混ぜる。

※ボウルに**C**の材料を合わせる。

作り方

〉生地作り・1次発酵 〈

1 バゲットと同様（P.31）。さら
に**C**を加えて混ぜ込む。

2〜3 バゲットと同様（P.31）

4 台の上に打ち粉をし、スケッ
パーで生地を取り出して3等分す
る。

5 手のひらでガス抜きをし、表面
が張るように丸める。

クッキングシートの上にのせ、ふき
ん（水を通してかたく絞ったもの）
をかぶせ、オーブンの発酵機能
40度で60分発酵させる。

Point ● オーブンに発酵機能の
設定がない場合はP.78参照

〉成形・2次発酵 〈

6 打ち粉をした台に表面を下に
生地を取り出す。

麺棒などを使い、底辺11cm×縦
17cmほどの二等辺三角形に広げ
る。

奥に生地を引いて底辺から巻き、
とじ目を下にする。

7 キャンバス地の上に生地をお
き、ふきんをかぶせてオーブンの
発酵機能40度で30分発酵させ
る。

〉焼く 〈

8 オーブンに天板を入れ230
度に予熱する。クッキングシー
トの上に生地をのせる。

霧吹きで全体をぬらし、雑穀シー
ドミックス（分量外）を表面に付
けて軽くおさえる。

9 オーブンにクッキングシートご
と入れ、左右庫内壁面に5回ずつ
霧を吹き、扉を閉めて2分待つ。
230度で13〜15分焼く。

カレーエピ

材料（2本分）

A,B バゲットの半量（P.31）
具材
カレーの具（具の野菜は
　小さめに切り汁気をきる）…… 70g

作り方

生地作り・1次発酵

1〜3 バゲットと同様（P.31）

4 台と生地の上に打ち粉をし、スケッパーで生地を取り出して2等分する。

成形・2次発酵

5 手のひらでガス抜きをし、表面が張るように丸め、クッキングシートの上にのせる。ふきん（水を通してかたく絞ったもの）をかぶせ、オーブンの発酵機能40度で60分発酵させる。

6 打ち粉をした台に生地を取り出す。手のひらでガスを抜き、10cm×15cmほどに広げる。

半量の具材をのせて三つ折りして閉じる。

1本でお腹いっぱいに。

お好みの
カレーの具を入れて。

とじ目を下にして、転がして18cmほどにする。残りの生地も同様に作る。

Point ◉ 左右に手を添えるとよい

7 キャンバス地の上に生地をおき、ふきんをかぶせてオーブン発酵機能40度で30分発酵させる

Point ◉ オーブンに発酵機能の設定がない場合はP.78参照

焼く

8 天板をオーブンに入れて230度に予熱する。

クッキングシートに生地をのせ、ハサミを斜めにして5か所カットし、カット部分を左右交互にひらいていく。

9 クッキングシートごとオーブンに入れる。オーブンの左右庫内壁面に5回ずつ霧を吹き、扉を閉めて2分待つ。230度で15〜18分焼く。

お豆のパン

水煮のお豆がたっぷり。
ひとくちサイズで
めしあがれ。

材料（1個分）

A,B バゲットの半量（P.31）
ミックスビーンズ缶 …… 40g
打ち粉（そば粉）…… 適宜

下準備

※ミックスビーンズはクッキング
ペーパーで水けを取る。

作り方

生地作り・1次発酵

1〜3 バゲットと同様（P.31）

4 台の上に打ち粉をし、スケッパーで生地を取り出す。

5 手のひらでガス抜きをし、表面が張るように丸める。クッキングシートの上にのせ、ふきん（水を通してかたく絞ったもの）をかぶせ、オーブンの発酵機能40度で60分発酵させる。

成形・2次発酵

6 打ち粉をした台に生地を取り出し、手のひらでガス抜きをし、12cm×17cmほどの長方形に広げる。ミックスビーンズに少量の塩（分量外）をまぶし、生地の上に広げる。手前から巻いていき、巻き終わりを指で閉じて形を整える。

7 キャンバス地の上に、とじ目を下に成形した生地をおき、ふきんをかぶせてオーブンの発酵機能40度で30分発酵させる。

焼く

8 オーブンに天板を入れ230度に予熱する。クッキングシートの上に生地をおき、ナイフで5か所切り込みを入れる。クッキングシートごと入れる。オーブンの左右庫内壁面に5回ずつ霧を吹き、扉を閉めて2分待つ。230度で15〜18分焼く。

酒粕パン

青のり、白ごまを入れて。
酒粕の香りがします。

材料（3個分）

A 塩2gに変える以外は
バゲットの半量（P.31）
B バゲットの半量（P.31）
酒粕 …… 30g
C 青のり …… 小さじ1
白ごま …… 大さじ1

下準備

※**B**はミキサーで撹拌し、なめらかにする。

作り方

生地作り・1次発酵

1〜5 バゲットと同様（P.31）

成形・2次発酵

4 台の上に打ち粉をし、スケッパーで生地を取り出す。

Point ◉ オーブンに発酵機能の設定がない場合はP.78参照

5 台に打ち粉をし、1次発酵した生地を取り出す。手のひらでガス抜きをし、直径8cmほどに広げ、**C**を均等にのせ軽くおさえる。生地の中心に向かって折り込み、表面を張るように丸めてとじ目を下にする。

7 キャンバス地の上に生地をおき、ふきんをかぶせてオーブン機能40度で30分発酵させる。

焼く

8 天板をオーブンに入れ230度に予熱する。クッキングシートの上に2次発酵した生地をのせ、ナイフで切り込みを入れる。クッキングシートごとオーブンに入れる。オーブンの左右庫内壁面に5回ずつ霧を吹き、扉を閉めて2分待つ。230度で10〜13分焼く。

一晩ほっておくだけ！
ホシノ天然酵母パン種の起こし方

基本のバゲットから酒粕パン（P.30〜41）まで使用する、
天然酵母のパン種の作り方をマスターしましょう。

材料（作りやすい分量）

ホシノ天然酵母パン種（粉末）…… 50g
湯水 …… 100g

下準備

※500mlほどの容量の保存瓶とスプーンを用意し、煮沸して乾かす。

※30度の湯水を用意する。

作り方

1 瓶に湯水を入れ、パン種粉末を加えてスプーンでよくかき混ぜる。

2 ラップで軽くふたをし、オーブンの発酵機能28度で24時間発酵させる。

Point ●オーブンに発酵機能の設定がない場合はP.78参照

仕上がりの目安

・最初に2倍くらいの量に発酵するが、その後、元のかさに戻って液状になり、表面に気泡ができる。

・なめるとピリッとした感じがあり、お酒のような香りがする。

使い方の注意

・酵母を落ちつかせるために、冷蔵庫で8時間ほど休ませる。

・使用時には、常温に戻してよく混ぜてから使う。

・冷蔵保管中に分離するので2日に1度はよく混ぜる。

・生種の消費期間は1週間ほど。

そば粉パンに添えたい
そば湯スープの作り方
（1人分）

カップにそば粉、天然顆粒だし、EXバージンオリーブオイル各小さじ1、しょう油小さじ1/2、梅干し1個を入れて混ぜ、熱湯を注ぐ。

P.36でブルスケッタに添えています

そば粉のおやつ

そば粉と
おやつの
マッチングは最高！

ひとつの生地から
アレンジして作るスイーツを中心に
バラエティ豊かにご紹介します。

・マフィン生地
・シフォン生地
・大福生地

マフィン生地

> そば粉にアーモンドパウダー、
> 豆乳にココナッツミルク、
> コクのある材料をプラスして作る
> プレーンマフィン。

プレーンマフィン

ほろりと
口どけのよい食感

この材料が
マフィン生地の基本になります
↓

材料（6個分）

A そば粉 ⋯⋯ 180g

アーモンドパウダー ⋯⋯ 70g

ベーキングパウダー ⋯⋯ 12g

B 豆乳 ⋯⋯ 160g

きび糖 ⋯⋯ 80g

ココナッツミルク ⋯⋯ 80g

菜種油 ⋯⋯ 50g

バニラエッセンス ⋯⋯ 2〜3滴

塩 ⋯⋯ 2g

トッピング

そばの実 ⋯⋯ 適宜

下準備

※**A**と**B**はそれぞれ**違う**ボウルに入れ、泡立て器でよく混ぜる。

Point ◉ 豆乳、ココナッツミルクが冷たい場合は常温に戻す

作り方

1 **A**に**B**を入れ、ゴムベラで粉気がなくなるまで、全体をよく混ぜる。

2 グラシンカップを敷いたマフィン型に、6等分して入れる。

Point ◉ 生地がもったりしているので、スプーンを使うとよい

3 生地をなじませるために、型を3cmくらいの高さから台に3回ほど落とす。あれば、そばの実をトッピングする。

4 180度に予熱したオーブンで20分焼く。

Point ◉ 10分焼いてから、マフィン型を180度回転させてさらに10分焼くと焼き色が均一になる

Point ◉ オーブンから取り出し、型に入れたまま冷ます

Point ◉ 熱いうちに取り出すとくずれやすい

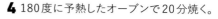

かぼちゃとピーナッツバターの
マフィン

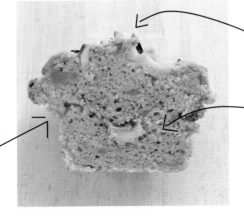

トッピングは
かぼちゃやそばの実

ピーナッツバターを
真ん中に

生地にかぼちゃが
たっぷり

材料（6個分）

A プレーンマフィンと同様（P.45）
B プレーンマフィンと同様（P.45）
　　かぼちゃ …… 120g
　　ピーナッツバター …… 60g

トッピング
かぼちゃ …… 適宜
そばの実 …… 適宜

下準備

※ **B** のかぼちゃは皮ごと蒸して、マッシャーなどで
つぶす。

※トッピング用のかぼちゃは7mm角にカットする。

※ **A** と **B**（ピーナッツバター以外）はそれぞれ違う
ボウルに入れ、泡立て器でよく混ぜる。

作り方

1 **A** に **B**（ピーナッツバター以外）を入れ、ゴムベ
ラで粉気がなくなるまで、全体をよく混ぜる。

2 グラシンカップを敷いたマフィン型の高さ1/2
まで、生地を入れる。真ん中にピーナッツバ
ターを10gずつ入れ、残りの生地も均等に入れ
る。かぼちゃと、あればそばの実をのせる。

3 180度に予熱したオーブンで20分焼く。オー
ブンから取り出し、型に入れたまま冷ます。

マフィン生地

ビーツと ラズベリージャムのマフィン

トッピングは
クランブル、そばの実、
ラズベリージャム

真ん中に
ラズベリージャム

ビーツの赤が
きれいな生地

材料（6個分）

A | プレーンマフィンと同様（P.45）
B | 豆乳 ── 126g
ビーツ ── 110g
きび糖 ── 72g
ココナッツミルク ── 63g
菜種油 ── 40g
レモン果汁 ── 10g
バニラエッセンス ── 2〜3滴
塩 ── 2g
ラズベリージャム ── 60g

トッピング

そばの実 ── 適宜
ラズベリージャム ── 適宜
クランブル（作り方はP.77）

下準備

※ プレーンマフィンと同様（P.45）

※ **B**のビーツはよく洗い、さいの目にカットする。

※ **B**（ラズベリージャム以外）をミキサーで撹拌し、なめらかにする。

作り方

1 **A**に**B**（ラズベリージャム以外）を入れ、ゴムベラで粉気がなくなるまで、全体をよく混ぜる。

2 グラシンカップを敷いたマフィン型の高さ1/2まで、生地を入れる。真ん中にラズベリージャムを10gずつ入れ、残りの生地も均等に入れる。あれば、そばの実、ラズベリージャム、クランブルをのせる。

3 180度に予熱したオーブンで20分焼く。オーブンから取り出し、型に入れたまま冷ます。

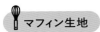

緑茶とパイナップルと
チョコレートのマフィン

トッピングは
パイナップルとチョコ

緑茶パウダーが
美しい生地

チョコがとろ〜り

材料（6個分）

A **プレーンマフィンと同様**（P.45）
　緑茶パウダー ── 9g

B 豆乳 ── 160g
　きび糖 ── 80g
　ココナッツミルク ── 80g
　菜種油 ── 50g
　バニラエッセンス ── 2〜3滴
　塩 ── 2g
　パイナップル（缶） ── 60g
　チョコレート（カカオ70%） ── 30g

トッピング

パイナップル ── 適宜
チョコレート（カカオ70%） ── 適宜
そばの実 ── 適宜

下準備

※パイナップルは粗くカットし、水気を
切る。

※チョコレートは粗くカットする。

※**A**と**B**（チョコレート以外）はそれ
ぞれ違うボウルに入れ、泡立て器でよ
く混ぜる。

作り方

1 **A**に**B**（チョコレート以外）を入れ、ゴムベラで粉気がな
くなるまで、全体をよく混ぜる。

2 グラシンカップを敷いたマフィン型の高さ1/2まで生地
を入れる。真ん中にチョコレートを5gずつ入れ、残り
の生地も均等に入れる。パイナップル、チョコレート、
あればそばの実をのせる。

3 180度に予熱したオーブンで20分焼く。オーブンから
取り出し、型に入れたまま冷ます。

🥄 マフィン生地

ココアと
柚子ジャムの
マフィン

トッピングは
ココアクランブルと
柚子ジャム

真ん中に
柚子ジャムをたっぷりと

ほんのり甘い
ココア味の生地

材料（6個分）

A プレーンマフィンと同様（P.45）
　　ココアパウダー …… 12g

B 豆乳 …… 160g
　　きび糖 …… 80g
　　ココナッツミルク …… 80g
　　菜種油 …… 50g
　　バニラエッセンス …… 2〜3滴
　　塩 …… 2g
　　柚子ジャム …… 60g

トッピング

そばの実 …… 適宜

柚子ジャム …… 適宜

ココアクランブル（作り方はP.77）

下準備

※**A**と**B**（柚子ジャム以外）はそれぞれ違うボウルに入れ、泡立て器でよく混ぜる。

作り方

1 **A**に**B**（柚子ジャム以外）を入れ、ゴムベラで粉気がなくなるまで、全体をよく混ぜる。

2 グラシンカップを敷いたマフィン型の高さ1/2まで生地を入れる。真ん中に柚子ジャムを10gずつ入れ、残りの生地も均等に入れる。柚子ジャム、あればそばの実とココアクランブルをのせる。

3 180度に予熱したオーブンで20分焼く。オーブンから取り出し、型に入れたまま冷ます。

ノンシュガーのマフィン生地に
お野菜を彩りよく重ねた
ごちそうケークサレ。
サラダとスープを添えて、
誰か来る日のランチに

🥄 マフィン生地

ケークサレ

野菜のソテーを準備してオーブンで焼くだけ。

材料（7cm×16cm×6cmのパウンド型1個分）

A そば粉 ── 120g
アーモンドパウダー ── 45g
ベーキングパウダー ── 8g

B 豆乳 ── 130g
玉ねぎ（粗みじん切り）── 65g
ココナッツミルク ── 25g
オリーブオイル ── 32g
塩 ── 1.5g
ホワイトペッパー ── 少々
そばの実 ── 適宜

黄・赤パプリカ ── 各1/3個
にんじん（7mm厚の短冊）── 3枚
かぼちゃ（7mm厚）── 6枚
しいたけ（スライス）── 3個
ほぐししめじ ── 1/3パック
アスパラ ── 2本
ブロッコリー ── 4房
ヤングコーン ── 2本
ミニトマト ── 4個

> 具材はお好みで！
> 赤、黄、緑色の
> 野菜を入れるのが
> おすすめ。

具材の下準備

※**B**の玉ねぎは少量のオリーブオイルと塩でゆっくり炒める。

※パプリカは縦3等分にカット。にんじん、かぼちゃとともに、オリーブオイルと塩をふって焼く。

※しいたけ、しめじは、オリーブオイルと塩で炒める。

※アスパラ、ブロッコリー、ヤングコーンは塩ゆでして、水気をきる。

※**A**と**B**はそれぞれ違うボウルに入れ、泡立て器でよく混ぜる。

作り方

1 **A**に**B**を入れ、ゴムベラで粉気がなくなるまで、全体をよく混ぜる。

2 クッキングシートを敷いた型に、生地と野菜を交互に重ねていく。（→具材の並べ方例）

3 180度に予熱したオーブンで40分焼く。オーブンから取り出し、型に入れたまま冷ます。カットして、皿に盛りつける。

具材の並べ方例

1
型に1/4の生地を入れ、かぼちゃ、にんじんをのせる。

2
1/4の生地を入れ、パプリカとブロッコリーをのせる。

3
1/4の生地の生地を入れ、アスパラ、ヤングコーン、きのこ類をのせる。

4
残りの生地を入れ、半分に切ったミニトマト、あればそばの実をのせる。

熱々が食べたいときは？ …… クッキングシートでカットしたものを包み、160度のオーブンで8分ほど焼く。

ドライフルーツとナッツのパウンドケーキ

あんずジャムでてりをつけた
ちょっぴり本格派の
スイート、スイートなケーキ。
ナッツ、ドライフルーツはお好みで。

材料（7cm×16cm×6cmのパウンド型1個分）

A そば粉 —— 120g
アーモンドパウダー —— 45g
ベーキングパウダー —— 8g

B 豆乳 —— 118g
きび糖 —— 52g
ココナッツミルク —— 52g
カカオバターまたは菜種油 —— 35g
オレンジジュース —— 13g
塩 —— 1.5g
バニラエッセンス —— 2〜3滴
ラム酒 —— 1.5g
お好みのナッツとドライフルーツ
—— 100〜130g

あんずジャム —— 大さじ1

おすすめの組み合わせ
アーモンド40g
レーズン40g
クランベリー25g
オレンジピール25g

下準備

※アーモンドは160度のオーブンで12分〜15分
焼く。粗く刻み、熱湯にくぐらせ、水分を切る。

※AとBはそれぞれ違うボウルに入れ、泡立て器
でよく混ぜる。

作り方

1 AにBを入れ、ゴムベラで粉気がなくなるまで、
全体をよく混ぜる。

2 クッキングシートを敷いたパウンド型に生地を
入れ、ゴムベラでならす。

180度に予熱したオーブンで30分焼く。いっ
たんオーブンから取り出し、はけであんずジャ
ムをぬる。

Point ●あんずジャムがかたい場合は、少量
の水で伸ばす

さらに、180度で5分焼く。オーブンから取り
出し、型に入れたまま冷ます。

塩キャラメル
バナナの
ミニパウンドケーキ

ひと手間かけて
キャラメルソース作りから。
ひとくち目からキャラメルのコク、
バナナの香りが広がります。

ミニサイズでふたつ作り、
ひとつはプレゼント用にいかが？

材料（5cm×10cm×5cmのパウンド型2個分）

A プレーンマフィンの半量（P.45）

B バナナ —— 60g
塩キャラメルソース＊ —— 50g（全量）
きび糖 —— 35g
豆乳 —— 30g
ココナッツミルク —— 40g
カカオバターまたは菜種油 —— 25g
塩 —— 1g
バニラエッセンス —— 2〜3滴

トッピング
バナナ（5ミリ厚スライス）—— 12枚
きび糖 —— 大さじ1

＊塩キャラメルソース
きび糖 —— 50g
水 —— 24g
塩 —— 0.5g

下準備

※**B**のバナナは、ゴムベラで軽くつぶす。

※ボウルにトッピング用のバナナときび糖を入れて
混ぜあわせる。

※**塩キャラメルソースを作る。**

小鍋にきび糖を入れて中弱火にかける。きび糖が
溶け、キャラメル色に変化したら火を止める。はね
ないように水を少しずつ加え、木ベラでよく混ぜる。
塩を加えて30秒ほど中火にかけてなじませる。

※**A**と**B**はそれぞれ違うボウルに入れ、泡立て器で
よく混ぜる。

作り方

1 **A**に**B**を入れ、ゴムベラで粉気がなくなるまで、
全体をよく混ぜる。

2 クッキングシートを敷いたミニパウンド型に、
生地を半量ずつ入れる。平らにならし、中心
にきび糖とあわせたバナナを6枚ずつ並べる。

3 180度に予熱したオーブンで23〜25分焼く。
オーブンから取り出し、型に入れたまま冷ま
す。

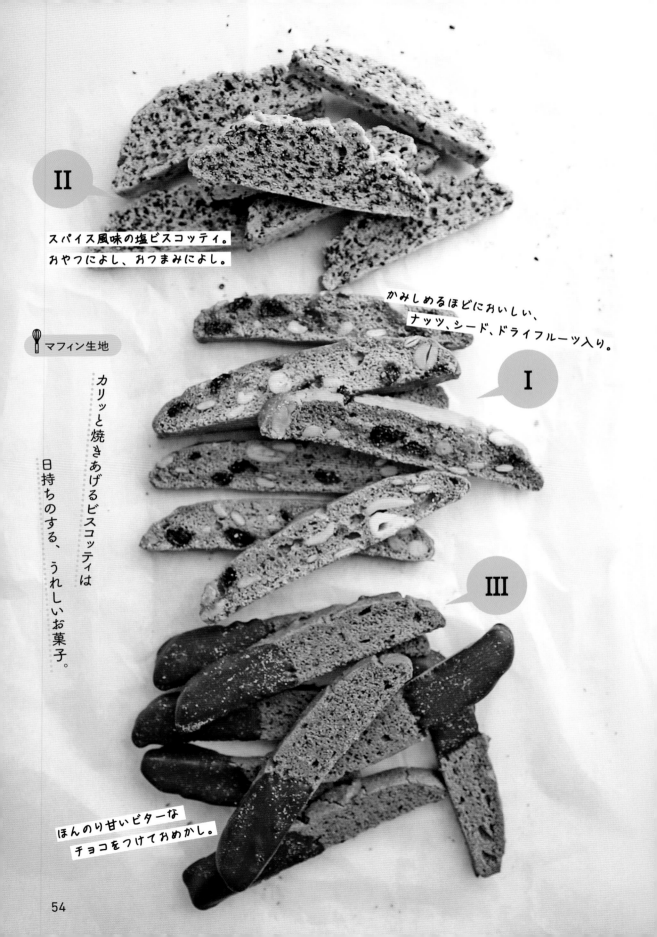

II

スパイス風味の塩ビスコッティ。
おやつによし、おつまみによし。

かみしめるほどにおいしい、
ナッツ、シード、ドライフルーツ入り。

マフィン生地

I

カリッと焼きあげるビスコッティは
日持ちのする、うれしいお菓子。

III

ほんのり甘いビターな
チョコをつけておめかし。

Ⅰ カシューナッツと クランベリーの ビスコッティ

材料（25枚）

A プレーンマフィンの半量（P.45）

B 豆乳 ── 70g

きび糖 ── 40g

ココナッツミルク ── 30g

ココナッツオイル（液状）または

菜種油 ── 25g

塩 ── 1g

バニラエッセンス ── 2〜3滴

カシューナッツ ── 50g

クランベリー ── 30g

かぼちゃの種 ── 15g

下準備

※カシューナッツ、かぼちゃの種は160度のオーブンで12分〜15分焼く。カシューナッツは粗く刻む。

※**A**と**B**はそれぞれ違うボウルに入れ、泡立て器でよく混ぜる。

作り方

1 **A**に**B**を入れ、ゴムベラで粉気がなくなるまで、全体をよく混ぜる。

2 **1**の生地をクッキングシートを敷いた天板にのせ、ゴムベラで約11cm×21cmのかまぼこ型にする。

3 170度に予熱したオーブンで20分焼く。オーブンから取り出し、天板からシートごと取り出して冷ます。

4 冷ました**3**を7mm厚にカットし、クッキングシートを敷いた天板に並べ、160度で15分焼く。天板を取り出し、表裏を返して10分焼く。オーブンから取り出し、網にのせて冷ます。

Ⅱ 黒ゴマとハーブと スパイスの ビスコッティ

材料（25枚）

A プレーンマフィンの半量（P.45）

B 豆乳 ── 85g

ココナッツミルク ── 30g

ココナッツオイル（液状）または

菜種油 ── 25g

塩 ── 1.5g

バニラエッセンス ── 2〜3滴

黒いりごま ── 20g

スパイスミックス（ドライ）

── 小さじ1/2

オレガノ（ドライ） ── 小さじ1/2

ブラックペッパー ── 少々

下準備

※**A**と**B**はそれぞれ違うボウルに入れ、泡立て器でよく混ぜておく。

作り方

1〜2 **カシューナッツとクランベリーのビスコッティと同様**（左）

3 180度に予熱したオーブンで20分焼く。オーブンから取り出し、天板からシートごと取り出して冷ます。

4 冷ました**3**を7mm厚にカットし、クッキングシートを敷いた天板に並べ、160度で20分焼く。天板を取り出し、表裏を返して10分焼く。

Point ◉ 糖分を入れないビスコッティは焼き色が付きにくいため、温度は少し高めに

オーブンから取り出し、網にのせて冷ます。

Ⅲ 緑茶とチョコの ビスコッティ

材料（25枚）

A プレーンマフィンの半量（P.45）

緑茶パウダー ── 6g

B 豆乳 ── 70g

きび糖 ── 40g

ココナッツミルク ── 30g

ココナッツオイル（液状）または

菜種油 ── 25g

塩 ── 1g

バニラエッセンス ── 2〜3滴

トッピング

チョコレート（カカオ70%） ── 適宜

下準備

※**A**と**B**はそれぞれ違うボウルに入れ、泡立て器でよく混ぜておく。

作り方

1〜2 **カシューナッツとクランベリーのビスコッティと同様**（左）

3 160度に予熱したオーブンで20分焼く。オーブンから取り出し、天板からシートごと取り出して冷ます。

4 冷ました**3**を7mm厚にカットし、クッキングシートを敷いた天板に並べ、160度で12分焼く。天板を取り出し、表裏を返して10分焼く。

Point ◉ 緑茶は色が飛びやすいので、焼き温度は控えめに

オーブンから取り出し、網にのせて冷ます。

5 チョコレートをボウルに入れて湯煎で溶かす。ビスコッティーの表半分に付ける。網にのせ、チョコレートが固まるまでおく。

共通 **Point** ◉焼き上がりの目安は、指で押してみてカリッと焼けていればOK やわらかい場合は温度を160度に下げて、5分ずつ焼く
◉賞味期限は1週間ほど。密閉容器に乾燥剤を入れて保存

ほろほろっとした生地がたまらない、
チョコとオレンジピールのブラウニー。
ひとくちサイズでめしあがれ。

🥄 マフィン生地

ブラウニー

材料（18cm×18cm×6cmのスクエア型1個分）

A プレーンマフィンの半量（P.45）
　　ココアパウダー —— 12g

B 豆乳 —— 90g
　　きび糖 —— 40g
　　ココナッツミルク —— 40g
　　菜種油 —— 25g
　　塩 —— 1g
　　バニラエッセンス —— 2〜3滴
　　くるみ —— 60g
　　チョコチップ —— 40g
　　オレンジピール —— 20g

下準備

※くるみは、160度のオーブンで12分〜15分焼き、粗く刻む。

※**A**と**B**はそれぞれ違うボウルに入れ、泡立て器でよく混ぜる。

作り方

1 **A**に**B**を入れ、ゴムベラで粉気がなくなるまで、全体をよく混ぜる。

2 クッキングシートを敷いたスクエア型に生地を入れ、ゴムベラで生地をならす。

　　170度に予熱したオーブンで20分焼く。

　　オーブンから取り出し、型に入れたまま冷ます。

3 型から取り出し、縦横4等分のサイズにカットする。

レモンケーキ

ころんとした形がかわいい！
さわやかなレモン風味のスイーツ。
プレゼントにもぴったりです。

材料（レモンケーキ型6個分）

A そば粉を65gに変更し、
　 ほかはプレーンマフィンの半量（P.45）

B 豆乳 ── 70g
　 きび糖 ── 40g
　 絹豆腐 ── 30g
　 ココナッツミルク ── 20g
　 菜種油 ── 20g
　 レモン果汁 ── 20g
　 レモンの皮（すりおろし）── 小さじ1/2
　 塩 ── 1g
　 バニラエッセンス ── 2〜3滴
　 ラム酒 ── 2g

下準備

※ **A**と**B**はそれぞれ違うボウルに入れ、
泡立て器でよく混ぜておく。

※アイシングの作り方はP.77参照。

作り方

1 **A**に**B**を入れ、ゴムベラで粉気がなく
　 なるまで、全体をよく混ぜる。

2 オイルをぬった型に、スプーンを使っ
　 て生地を均等に入れる。

3 170度に予熱したオーブンで20分焼
　 く。オーブンから取り出し、ふきんを
　 かぶせて冷ます。完全に冷めてから
　 型からはずす。お好みでアイシング
　 をし、レモンの皮（分量外）を飾る。

シフォンケーキ生地

> そば粉と
> 卵と
> きび糖と
> 菜種油。
> シンプルな材料で作る
> シフォンケーキ。

プレーンシフォンケーキ

この材料が
シフォン生地の基本になります
↓

材料（17cmのトールシフォン型1台分）

A 卵黄 ―― 4個分
きび糖 ―― 15g
菜種油 ―― 35g
水 ―― 55g
そば粉 ―― 60g
B 卵白 ―― 4個分
きび糖 ―― 55g

下準備
※卵は卵白と卵黄にわける。

作り方

1 ボウルにそば粉以外の**A**の材料を上から順番に入れ、そのつど、泡立て器でよく混ぜる。

2 ボウルに**B**の卵白をハンドミキサーで泡立て、3回にわけてきび糖を加え、しっかりとしたメレンゲに仕上げる。
Point◎ ボウルを逆さにしても落ちないくらい

3 **1**にそば粉を加え、泡立て器でしっかりと混ぜたら、ゴムベラで**2**のメレンゲを3回にわけてふんわりと混ぜる。
Point◎ 最後にボウルの底から全体をすくうように混ぜる

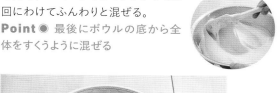

4 型に流し入れ、5cmほどの高さから台に落として空気を抜く。
箸を底まで入れて3周ほど回し、型の外側に向かって5か所ほど切れ目を入れる。

5 170度に予熱したオーブンで30分焼く。
Point◎ 焼き始めてから22分ほどでふくらみのピークを迎えるが、その後、少し沈む

焼き上がったらオーブンから取り出して、5cmほどの高さから台に落とし、上下を逆さにして完全に冷ます。（3時間くらい）
ナイフを使い、型からはずす。

プレーン生地とコーヒー生地。焼き上がると、見事なマーブル模様が完成。

ふわふわの
コーヒーマーブル

シフォン生地

コーヒーマーブルシフォン

材料（17cmのトールシフォン型1台分）

A, B | プレーンシフォンケーキと同様（P.59）
C | インスタントコーヒー ⋯⋯ 6g
　　| 水 ⋯⋯ 15g
　　| メープルシロップ ⋯⋯ 5g

下準備

※卵は卵白と卵黄にわける。

※ボウルにCの材料を入れて混ぜる。

作り方

1〜3 **プレーンシフォンケーキと同様**（P.59）

　Cのボウルに生地を110g入れ、ゴムベラでふんわりと混ぜる。

4 プレーン生地とコーヒー生地を交互に型に流す。5cmほどの高さから台に落として空気を抜く。箸を底まで入れて3周ほど回し、型の外側に向かって5か所ほど切れ目を入れる。

5 **プレーンシフォンケーキと同様**（P.59）

栗入りコーヒー
ロールケーキ

コーヒーマーブルシフォンで栗入りロールケーキ。

材料（30cm×25cm×2cmのバット1個分）

A, B, C コーヒーマーブルシフォンと同様（P.59）

D ゆで栗 ── 300g
　豆乳 ── 100g
　ココナッツミルク ── 20g
　きび糖 ── 35g
　ココナッツオイル（液状）または菜種油 ── 10g
　塩 ── 1g
　ラム酒 ── 2g
　バニラエッセンス ── 2〜3滴

下準備

※コーヒーマーブルシフォンと同様（P.59）

※**栗クリームを作る。** **D**の材料をフードプロセッサーにかけてなめらかにする。生地が硬い場合は、豆乳で調整する。さつまいもやかぼちゃのゆでたものでもOK。

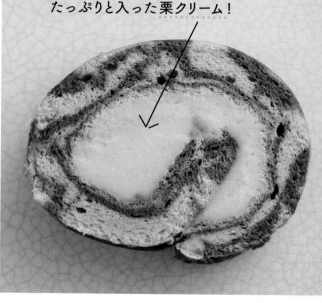

たっぷりと入った栗クリーム！

作り方

1〜3 コーヒーマーブルシフォンケーキと同様（P.59）

4 クッキングシートを敷いたバットに生地を交互に流し入れ、ゴムベラで全体に広げる。箸で生地にマーブル模様をつける。表面を平らにならし、170度に予熱したオーブンで20分焼く。クッキングシートごと網にのせて冷ます。

5 新しいクッキングシートの上に、焼いた面を下にして**4**をのせ、クッキングシートをはがす。巻き終わりの生地を斜めにカットする

　Point ◉ 巻き終わりをきれいにするため

6 ロールケーキを巻く。

＼ **きれいな巻き方** ／

a
栗クリームは巻き始めを厚くして全体に広げる。

b
巻き始めは、生地を立ち上げて芯を作り、指で軽く整える。

c
クッキングシートを引っ張りながら奥に向かって巻いていく。

d
巻き終わりに定規などをあて、下側のクッキングシートを引き、きゅっと締める。

ラップで包んで冷蔵庫で冷やす。

桜の葉と花を使って
春を感じるシフォン作り。
小さな型でキュートに作ります。

🥄 シフォン生地

桜のシフォンケーキ

材料（12cmのシフォン型2台分）

A 卵黄 —— 2個分
きび糖 —— 8g
菜種油 —— 18g
水 —— 28g
桜の葉の塩漬け —— 2枚
そば粉 —— 30g

B 卵白 —— 2個分
きび糖 —— 27g

トッピング
桜の花の塩漬け —— 10個
ココナッツフラワー —— 適宜
メープルシロップ —— 適宜

下準備

※卵は卵白と卵黄にわける。

※桜の葉の塩を洗い、水気をふき取り、細かく刻む。

※桜の花の塩漬けは、30分ほど水にひたし、塩抜きする。

作り方

1〜4 プレーンシフォンケーキと同様（P.59）

5 170度に予熱したオーブンで18分焼く。

焼き上がったらオーブンから取り出して、5cmほどの高さから
台に落とし、上下を逆さにして完全に冷ます。（3時間くらい）

6 ナイフを使い、型からはずす。桜の花の水気を軽く絞り、あ
ればメープルシロップを軽く付けてトッピングする。お好み
でにココナッツフラワーをふる。

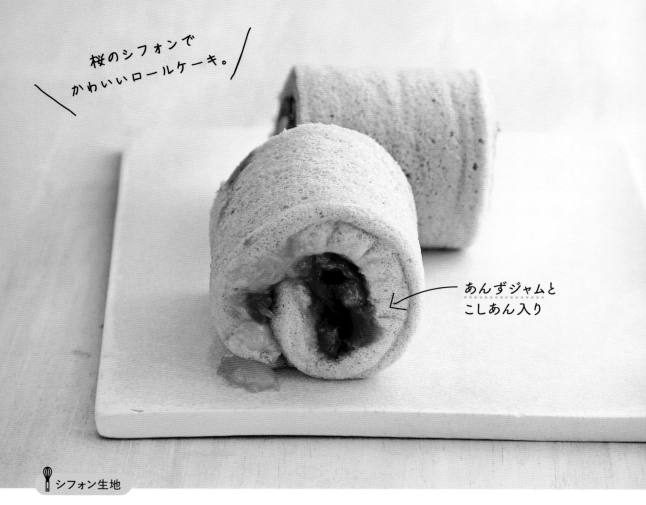

桜のシフォンで
かわいいロールケーキ。

あんずジャムと
こしあん入り

🥄 シフォン生地

桜シフォンのロールケーキ

材料（15cm×26cm×2cmのバット1個分）

A 桜のシフォンケーキと同様（P.62）
B 桜のシフォンケーキと同様（P.62）
　　あんずジャム ⋯⋯ 80g
　　こしあん ⋯⋯ 160g

下準備

※桜の花の塩漬け以外は、桜のシフォンケーキと同様（P.62）

作り方

1〜4 桜のシフォンケーキと同様（P.62）

　　クッキングシートを敷いたバットに生地を流し入れ、ゴムベラで
　　表面を平らにならす。

5 170度に予熱したオーブンで15分焼く。クッキングシートごと
　　網にのせて冷ます。

6 新しいクッキングシートの上に、焼いた面を下にして5をのせ、
　　クッキングシートをはがす。

7 ロールケーキを巻く。**a**あんずジャムを全体にぬる。あんこは、
　　巻きはじめを厚くして全体に広げる。**b〜d**は栗入りコーヒー
　　ロールケーキと同様（P.61）

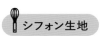

ノンオイルママレードシフォンケーキ

材料（17cmのトールシフォン型1台分）

A 卵黄　4個分
　　きび糖 ── 15g
　　そば湯 ── 35g（作り方はP.10）
　　水 ── 55g
　　そば粉 ── 60g
　　ママレード ── 70g

B 卵白 ── 4個分
　　きび糖 ── 55g

下準備

※卵は卵白と卵黄にわける。

作り方

1～5 プレーンシフォンケーキと同様（P.59）

オイル抜きのシフォンはいかが？
お好きなママレードを混ぜるだけ。
いろいろなジャムで
作ってみましょう。

パンケーキ

香ばしいそば粉のパンケーキ。
手作りだもの、
ゴージャスに何枚も重ねて
お好みのフルーツを
トッピング。

材料（4枚分）

A そば粉 —— 80g
　　塩 —— 2g
　　ベーキングパウダー —— 4g
B きび糖 —— 20g
　　豆乳 —— 65g
　　絹豆腐 —— 40g
　　そば湯 —— **20g**（作り方はP.10）

トッピング

メープルシロップ —— 適宜
ブルーベリー —— 適宜

下準備

※**A**と**B**はそれぞれ違うボウルに入れ、泡立て器でよく混ぜる。

作り方

1 **A**に**B**を入れ、ゴムベラで粉気がなくなるまで、全体をよく混ぜる。

2 温めたホットプレートかフライパンに、4等分した**1**を流し、ふたをして中火で3分ほど焼く。表面にふつふつと気泡が出てきたら裏返す。ふたをして3分ほど焼く。残りも同様に焼く。

3 皿に4枚重ね、ブルーベリーとメープルシロップをトッピングする。

スノーボールプレーン

サクほろ食感の
スノーボール。
ほんのりそば粉の味がして
ついつい、あと引くクッキー。

材料（30個）

A そば粉 —— 105g
アーモンドパウダー —— 45g
きび糖 —— 45g
塩 —— 1g

B ココナッツオイル（液状）—— 65g
バニラエッセンス —— 2〜3滴

C ココナッツフラワーまたは
アーモンドパウダー —— 20g
きび糖 —— 20g

下準備

※ **A**と**B**はそれぞれ違うボウルに入れ、泡立て器でよく混ぜる。

※ **C**はミルサーかすり鉢でパウダー状にする。

作り方

1 **A**に**B**を入れ、ゴムベラで粉気がなくなるまで、全体をよく混ぜる。直径2cmほどのボール状に丸め、クッキングシートを敷いた天板に並べる。

Point◉ 手に生地がつくようであれば、ビニール手袋をして丸める

2 160度に予熱したオーブンに入れて15分焼く。150度に下げて15分焼く。オーブンから取り出し、天板の上にのせたまま完全に冷ます。

Point◉ 熱いうちに触るとくずれやすいので注意

3 ビニール袋の中に**2**と**C**を入れ、パウダーをまぶす。

いちごのピンク色がかわいい！
甘酸っぱい味。

スノーボールいちご

材料（30個）

A, B スノーボールプレーンと同様（左）

C ココナッツフラワーまたはアーモンドパウダー —— 5g
きび糖 —— 10g
ドライいちご —— 10g

下準備・作り方

1〜3 スノーボールプレーンと同様（左）

ほんのり甘い。
そば粉＋黒糖の蒸しパンは
モチモチ。

🥄 その他の生地

黒糖蒸しパン

材料（そば猪口またはココット4個分）

A そば粉 —— 150g
　 塩 —— 1g
　 ベーキングパウダー —— 4.5g

B 黒糖 —— 70g
　 水 —— 160g
　 しょう油 —— 3g

トッピング

黒いりごま —— 適宜

> コクを出し、
> 色味の補強の
> ためにプラス！

下準備

※蒸し器のお湯を沸かし、湯気を上げた状態にする。

※**A**と**B**はそれぞれ違うボウルに入れ、泡立て器でよく混ぜる。

作り方

1 **A**に**B**を入れ、ゴムベラで粉気がなくなるまで、全体をよく混ぜる。

2 グラシンカップを敷いた容器に生地を均等に入れる。

3 蒸し器で20分蒸す。容器から取り出し、網にのせて、黒いりごまをふって冷ます。

さつまいもの蒸しパン

材料（そば猪口またはココット4個分）

A そば粉 —— 100g
塩 —— 1g
ベーキングパウダー —— 4g

B きび糖 —— 70g
水 —— 100g
さつまいも（蒸し）—— 50g

C さつまいも（生）—— 100g
塩 —— 少々

下準備

※蒸し器のお湯を沸かし、湯気を上げた状態にする。

※**B**のさつまいもを蒸し、軽くつぶす。

※**C**のさつまいもを1.5cm角にカットし、10分ほど水につける。よく水を切り、塩（分量外）を少々ふる。

※**A**と**B**はそれぞれ違うボウルに入れ、泡立て器でよく混ぜる。

作り方

1 **A**に**B**を入れ、ゴムベラで粉気がなくなるまで、全体をよく混ぜる。

2 **1**に**C**を入れ、ざっくりと合わせる。グラシンカップを敷いた容器に、生地を均等に入れる。

3 蒸し器で25分蒸す。容器から取り出し、網にのせて冷ます。

さつまいもを入れてのせて。
食べ応えのある蒸しパン。

大福生地

> そば粉を練り上げて作る大福は
> つるりとやわらか。
> いちごを丸々1個、あんこで包む
> 大満足のおやつ。

いちご大福

材料（4個分）

A そば粉 ── 60g
　　水 ── 170g
　　きび糖シロップ ── 15g

B こしあん ── 140g
　　いちご ── 4個

＊きび糖シロップ
　　きび糖 ── 50g
　　水 ── 45g

片栗粉 ── 適宜

> こしあんにすると
> いちごの果肉の
> やわらかさとマッチする

下準備

※鍋にきび糖シロップの材料を入れ、一度沸かす。

※**B**のあんこを4等分して、いちごを1個ずつ包み、あんこ玉を4個作る。

作り方

1 ボウルに**A**を入れ、泡立て器でよく溶く。テフロン加工の鍋に移して中火にかけ、木ベラで混ぜながら火を入れる。

Point ◉ 鍋の底から全体をすくうように混ぜる

3 片栗粉を敷いたバットに取り出し、4等分にする。

2 表面に水分が少し残っている状態で、いったん火からおろし、勢いよく全体を混ぜてなめらかにする。

Point ◉ 水分を表面に残す

再度、弱火にかけ、全体を転がして水分を飛ばす。

4 ラップの上に、4等分にした生地をのせて直径7cmほどに広げ、あんこ玉を包む。

ラップを外し、片栗粉をまぶして皿にのせる。

🥢 大福生地

みたらしだんご

もちもち、そば粉だんご！
みたらしのたれを
たっぷりかけてめしあがれ。

材料（4串分）

だんご

A そば粉 —— 60g
片栗粉 —— 10g
水 —— 170g

たれ

a しょう油 —— 30g
きび糖 —— 60g
水 —— 30g

b くず粉 —— 10g
水 —— 30g

作り方

1〜2 いちご大福と同様（P.71）

3 再度、弱火にかけ、全体を転がして水分を飛ばす。クッキングシートを敷いたバットに、水にぬらしたスプーンで生地を取り、16個に丸める。串に4個ずつ刺す。

4 ホットプレートかフライパンで、両面に焼き目をつけて、皿に盛る。

5 小鍋にたれ**a**の材料を入れ、木ベラで混ぜながら、中火にかけて沸かす。いったん火を止め、**b**のくず粉と水を溶いて加え混ぜる。中火にかけ、透明感が出るまで混ぜる。皿に盛っただんごにかける。

よもぎの生地に
あんこがたっぷり。
食べ応えのある
素朴なおやつ。

🥄 大福生地

よもぎ伊吹
だんご

粒あんをしっかりかみ、
よもぎの味と香りを感じて。

材料（4個分）

A そば粉 ⋯⋯ 60g
　　水 ⋯⋯ 200g
　　よもぎパウダー ⋯⋯ 4g
　　きび糖シロップ
　　⋯⋯ **15g**（作り方はP.71）

B きな粉 ⋯⋯ 30g
　　きび糖 ⋯⋯ 10g
　　塩 ⋯⋯ 少々

粒あん ⋯⋯ 140g

下準備

※あんこを4等分して、あんこ玉
を4個作る。

※**B**をよく混ぜ、バッドに敷く。

作り方

1～2 いちご大福と同様（P.71）

3 **B**を敷いたバットに取り出し、
4等分にする。ラップの上に、
4等分にした生地をのせて直
径7cmほどに広げ、あんこ玉
を包む。ラップを外し、きな
粉をまぶして皿にのせる。

そば湯

そば湯かき氷

そば湯と豆乳ときび糖で作るかき氷。
シロップは2種。

緑茶シロップの和風味

甘酸っぱいラズベリー味

どちらのソースがお好み?

材料 (2人分)

豆乳 —— 250g

きび糖 —— 40g

そば湯 —— **30g** (作り方はP.10)

バニラエッセンス —— 2〜3滴

ラズベリーシロップ

ラズベリージャム —— 10g

メープルシロップ —— 10g

水 —— 10g

緑茶シロップ

黒糖 —— 50g

熱湯 —— 50g

緑茶パウダー —— 12g

下準備

※器は冷凍庫で冷やしておく。

※シロップの材料は、それぞれ混ぜる。

作り方

1 すべての材料を鍋に入れて一度沸かし、冷ます。

Point ● 泡が出てくるが、とらなくてOK

冷めたら、ジップ付きの冷凍用保存袋2枚にわけて入れ、平らにして冷凍庫で凍らせる。

2 冷凍庫から取り出し、1分ほど常温においてから、麺棒で軽くたたく。スプーンを使って、さらに生地をくだきながら、器に盛る。ラズベリーシロップ、緑茶シロップをかけていただく。

そば湯

そばきり

黒糖シロップでひんやり、つるり。
くずきりならぬ
そばきりもオツなもの。

材料 (2人分) 約20cm×14cmのバット

A | くず粉 ── 40g
　　| そば粉 ── 10g
　　| 水 ── 100g

黒糖シロップ
黒糖 ── 50g
水 ── 40g

下準備

※バットが入る大きさのフライパンに湯を沸かす。

※やかんに湯を沸かす。

※バットが入る大きさのボウルに氷水を入れる。

※鍋に黒糖シロップの材料を入れて沸かし、冷ます。

作り方

1 ボウルに**A**を入れ、泡立て器でよく混ぜる。

2 生地の半量をバットに入れ、フライパンの湯の上に浮かべる。トングを使いバットを揺らしながら生地を均等に広げて、中火で加熱する。

3 表面が固まったら、やかんで熱湯をひたひたに入れて、さらに2分火を通す。フライパンから、バットを引き上げる。

4 氷水を入れたボウルに移し、バットの生地をはがしていく。残りの生地も同様に作る。

5 冷やした生地を7mmの麺状にカットする。器に盛り、黒糖シロップをかける。

冷やして
めしあがれ

ビーツで色づけした
桜もちの皮。
桜の香りと舌触りのよい
こしあんを楽しむ。

🥄 そば湯

桜もち

材料（4個分）

A そば粉 ―― 40g
片栗粉 ―― 15g
水 ―― 60
そば湯 ―― **20g**（作り方はP.10）
塩 ―― 1g
ビーツ（すりおろし）―― 6g
きび糖 ―― 3g
こしあん ―― 140g
桜の葉（塩漬）―― 4枚

下準備

※あんこを4等分して、あんこ玉を4個作る。

※桜の葉の塩を軽く洗い、水気をきる。

作り方

1 Aをすべてボウルに入れ、泡立て器でよく混ぜる。

2 ホットプレートかフライパンを中温に温め、生地を幅5cm×13cmほどに広げ、1分半ずつ両面を焼く。4枚作り、クッキングシートを敷いたバットに、重ならないようにおく。

3 2の皮であんこ玉を巻き、桜の葉で包む。

トッピングテクニック

パンやおやつがグッと美味しくなり、
見映え効果もアップする、トッピングやアイシングの作り方をご紹介！

クランブル

ビーツとラズベリージャムのマフィン（P.47）、
ココアと柚子ジャムのマフィン（P.49）のトッピングに。
ほかに、パウンドケーキの上にのせて焼きあげるとゴージャスに。

ビーツとラズベリージャムの
マフィン（P.47）

ココアと柚子ジャムの
マフィン（P.49）

クランブルプレーン

材料

そば粉 ── 15g
アーモンドパウダー ── 10g
きび糖 ── 10g
菜種油 ── 8g
塩 ── 少々

ココアクランブル

材料

そば粉 ── 15g
アーモンドパウダー ── 10g
きび糖 ── 10g
菜種油 ── 10g
塩 ── 少々
ココアパウダー ── 5g

作り方

各ボウルにクランブルの材料を入れ、
ポロポロ状態になるまでゴムベラでさっくりと混ぜる。

アイシング

レモンケーキ（P.57）、シナモンロール（P.26）の仕上げに。
ビスコッティのアイシングにもぴったり。

材料

カカオバター ── 40g
きび糖 ── 20g
豆乳 ── 10g

バニラエッセンス ── 2〜3滴
レモンエクストラクトまたはレモン果汁 ── 少々
レモンの皮（すりおろし）── 少々

下準備 ※カカオバターは湯煎にかけて溶かす。

レモンケーキ（P.57）

シナモンロール（P.26）

作り方

1 ボウルにレモンの皮以外の材料を入れ、泡立て器でよく混ぜる。溶かしたカカオバターを少しずつ加えて乳化させる。

2 別のボウルに水を入れ、生地の入ったボウルの底を水で冷やし、白くゆるいクリーム状にする。

Point ◉水ではなく、氷水で冷やすと一気にカカオバターが固まるので注意

そば粉のパン・おやつ作り

Q & A

そば粉のパン・おやつ作りは初めてという方のために
食材の選び方から保存法までの疑問に答えます！

食材

スーパーに売っているそば粉は中挽き、細挽きの表示がありませんが、どれでもOKですか？

表示のないそば粉は中挽きが多いようです。いずれを使っても大丈夫ですが、そばの種類によって、味、風味、食感が変わりますので、自分好みのそば粉を見つけてみましょう。

生地作り

テーブルパンの生地は、水のほかにそば湯も入っていますが、水だけではダメですか？

ホシノ天然酵母を白神こだま酵母に変更できますか？

ホシノ天然酵母パン種生種は白神こだま酵母に変更できます。いずれのレシピも白神こだま酵母は3分の1の分量でOK。ホシノ天然酵母パン種の原材料は、小麦・米・酵母・麹です。小麦アレルギーの方は、白神こだま酵母をおすすめします。

そば湯を加えることで、生地がしっとりとします。入れなくてもできますので、そのときは水の分量を（そば湯の1/2分）増やしてください。

発酵

オーブンに発酵機能の設定（35度〜40度）がない場合は？

いずれも1.3倍ほどにふくらむまで、以下のいずれかの方法で発酵させることができます。

- オーブンの中に、熱湯を入れたどんぶりを入れて温めた庫内におく。
- ガスレンジ上のあたたかい場所におく。
- 大きめのビニール袋の中に、熱湯を入れたどんぶりとともに入れ、口を軽く結んで常温におく。
- 5月〜9月のあたたかい時期は、ラップをして常温におく。
- 寒い季節はストーブなどの近くにおく。

焼成時に
「オーブンの左右庫内壁面に
5回ずつ霧を吹き、
扉を閉めて2分待つ」のは
なぜですか？

蒸気と温度をおだやかに加えて、生地をふくらみやすくするためです。

マフィンやパンの
焼き上がりに
ムラが出たときは？

焼き時間の半分のところで、オーブンの温度を下げずにマフィンやパンを180度回転させて奥と手前を入れ替え、焼いてみてください。また、焼き色が薄いときは、さらに焼成時間を3〜4分追加しましょう。

そば粉の
パン・おやつの
賞味期限は？

常温保存の場合は、基本的に翌日まで。冷蔵保存でも3日間を目安に食べ切ることをおすすめします。冷凍なら1ヶ月ぐらい保存が可能ですが、食パンやバゲットなどはスライスして、ピタッとラップして冷凍用保存袋に入れてください。

そば粉・
そばの実の
保存方法は？

袋のままでなく、使う分量をビニール袋に入れ、さらに冷凍用保存袋に入れて冷凍庫で保存しましょう。出し入れの際、保存袋の中に水滴が発生したときは、取り替えてください。劣化の原因になります。

そば粉が
残って
しまったら？

お料理にも使いましょう。から揚げや天ぷらとろみ付けなど、小麦粉をそば粉に置きかえてみてください。

そば粉パンは
トーストしても
よい？

トーストすると、外側パリッ、中味はもちっとした食感で、そば粉の香りもグッと上がります。オリーブオイルや塩をちょっと加えるだけで美味しくいただけます。

小池ともこ

東京都東村山市生まれ。マクロビオティックや自然栽培の野菜豊富なレストラン勤務ののち、食材としての「そば粉」に注目。「そば粉の可能性を知りたくてそば粉100%のレシピ開発に夢中」になり、2016年2月にそばの実カフェ「sora」をスタート。自然食品店やそば店への焼菓子の卸、「そば粉の実験教室」と題し、グルテンを含まないそば粉の良さを伝えるパンやお菓子等の教室を行なっている。2018年江戸ソバリエ取得。
著書『そば粉100%のおいしいパンとレシピ』(二見書房)

Instagram　https://www.instagram.com/sobanomi_sora/
Facebook　https://www.facebook.com/sobanomicafe.sora/
Base　https://sobanomi.thebase.in/

STAFF

デザイン	釜内由紀江　五十嵐奈央子（GRiD）
撮影	寺岡みゆき
スタイリング	諸橋昌子
調理協力	和田和枝　中嶋幸子　今井真美
編集	鈴木聖世美

撮影協力
UTUWA

食材提供（五十音順）
アリサン有限会社　https://alishan-organics.com/
成田そば栽培農家 上野　https://ueno-soba.info/
株式会社ヴィボン　https://www.cocowell.co.jp/
株式会社エヌ・ハーベスト　http://www.nharvestorganic.com/
株式会社遠藤製餡　http://www.endo-s.co.jp/
株式会社OGURA　http://oguraseifunsho.jp/
おたに家株式会社　https://otaniya.co.jp/
株式会社ココウェル　https://www.cocowell.co.jp/
株式会社cotta　https://www.cotta.jp/
ムソー株式会社　https://muso.co.jp/
株式会社風と光　https://kazetohikari.jp/
横山園芸　https://shop.yokoyama-nursery.jp/

**まいにち食べたい
そば粉100%のおいしいパンとおやつ**

著者	小池ともこ
発行	株式会社二見書房
	東京都千代田区神田三崎町2-18-11
	電話　03（3515）2311（営業）
	振替　00170-4-2639
印刷	株式会社堀内印刷所
製本	株式会社村上製本所

2023年11月10日　初版発行

落丁・乱丁本はお取替えいたします。
定価はカバーに表示してあります。
©Tomoko Koike, 2023, Printed in Japan
ISBN978-4-576-23124-2
https://www.futami.co.jp